Impressum
Verlag: BABADADA GmbH, Nedderfeld 112 , 22529 Hamburg
Geschäftsführer / Verlagsleitung: Harald Hof
Druck: Books on Demand GmbH, In de Tarpen 42, 22848 Norderstedt

Imprint
Publisher: BABADADA GmbH, Nedderfeld 112 , 22529 Hamburg, Germany
Managing Director / Publishing direction: Harald Hof
Print: Books on Demand GmbH, In de Tarpen 42, 22848 Norderstedt

la escuela
學校

el aula
教室

dividir
除

186/2

la pizarra
黑板

el patio
校園

el maestro/a
老師

el papel
紙

escribir
書寫

el bolígrafo
筆

el escritoria
辦公桌

la regla
直尺

el libro
書

el alumno/a
學生

la cartera

書包

la caja de lápices

鉛筆盒

el lápiz

鉛筆

el sacapuntas

削鉛筆機

la goma de borrar

橡皮擦

el cuaderno de dibujo

畫板

el dibujo

圖畫

el pincel

畫筆

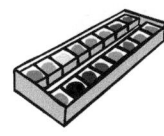

la caja de pinturas

顏料盒

las tijeras

剪刀

el pegamento

膠水

el cuaderno de ejercicios

練習冊

los deberes

家庭作業

el número

數字

sumar

加

restar

減

multiplicar

乘

calcular

計算

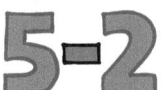

la letra

字母

el alfabeto

字母表

la palabra

字

el texto

課文

leer

讀

la tiza

粉筆

la lección

上課

el cuaderno de notas

登記

el examen

考試

el certificado

證書

el uniforme

校服

la educación

教育

la enciclopedia

百科全書

la universidad

大學

el microscopio

顯微鏡

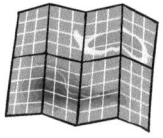

el mapa

地圖

la papelera

廢紙簍

el viaje
旅行

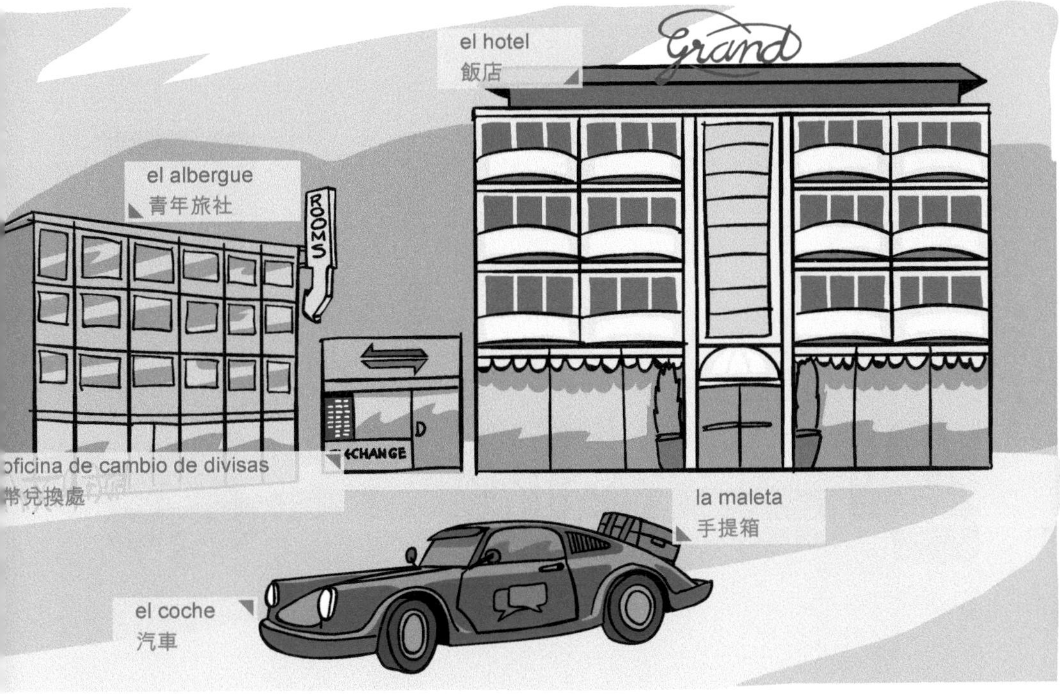

Grand
el hotel
飯店
el albergue
青年旅社
ROOMS
oficina de cambio de divisas
幣兌換處
la maleta
手提箱
el coche
汽車

el idioma

語言

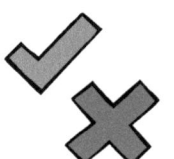

sí / no

是/否

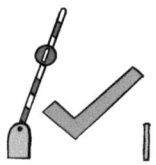

Vale

好的

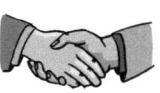

hola

您好

el traductor

翻譯人員

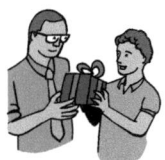

Gracias

謝謝

¿cuánto es…?

……多少錢？

No entiendo

我不明白

el problema

問題

¡Buenas tardes!

晚上好！

¡Buenos días!

早上好！

¡Buenas noches!

晚安！

adiós

再見

la dirección

方向

el equipaje

行李

la bolsa

包

la mochila

背包

el invitado

客人

la habitación

房間

el saco de dormir

睡袋

la tienda de campaña

帳篷

la información turística

旅行資訊

la playa

海灘

la tarjeta de crédito

信用卡

el desayuno

早餐

el almuerzo

午餐

la cena

晚餐

el billete

票

el ascensor

電梯

el sello

郵票

la frontera

邊界

la aduana

海關

la embajada

大使館

la visa

簽證

el pasaporte

護照

el transporte
交通運送

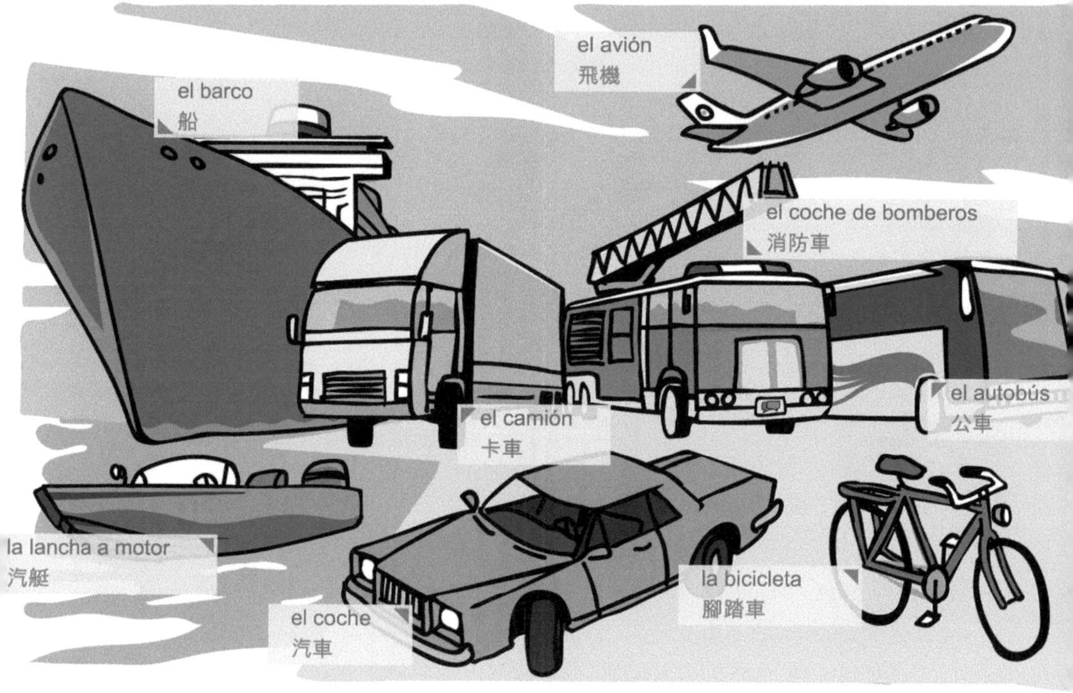

el avión
飛機

el barco
船

el coche de bomberos
消防車

el camión
卡車

el autobús
公車

la lancha a motor
汽艇

el coche
汽車

la bicicleta
腳踏車

el transbordador

渡輪

la barca

小船

la moto

機車

el coche de policía

警車

el coche de carreras

賽車

el coche de alquiler

租車

el préstamo de vehículos

拼車

la grúa

拖車

el camión de la basura

垃圾車

el motor

馬達

la gasolina

汽油

la gasolinera

加油站

la señal de tráfico

交通標識

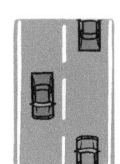

el tráfico

交通

el atasco

交通堵塞

el aparcamiento

停車場

la estación de tren

火車站

las vías

軌道

el tren

火車

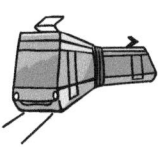

el tranvía

路面電車

el vagón

客車廂

el helicóptero

直升機

el aeropuerto

機場

la torre

塔

el pasajero

乘客

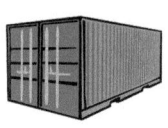

el contenedor

集裝箱

la caja de cartón

紙板箱

la carretilla

手推車

la cesta

籃子

despegar / aterrizar

起飛/降落

la ciudad
城市

el pueblo

村莊

el centro de la ciudad

市中心

la casa

房子

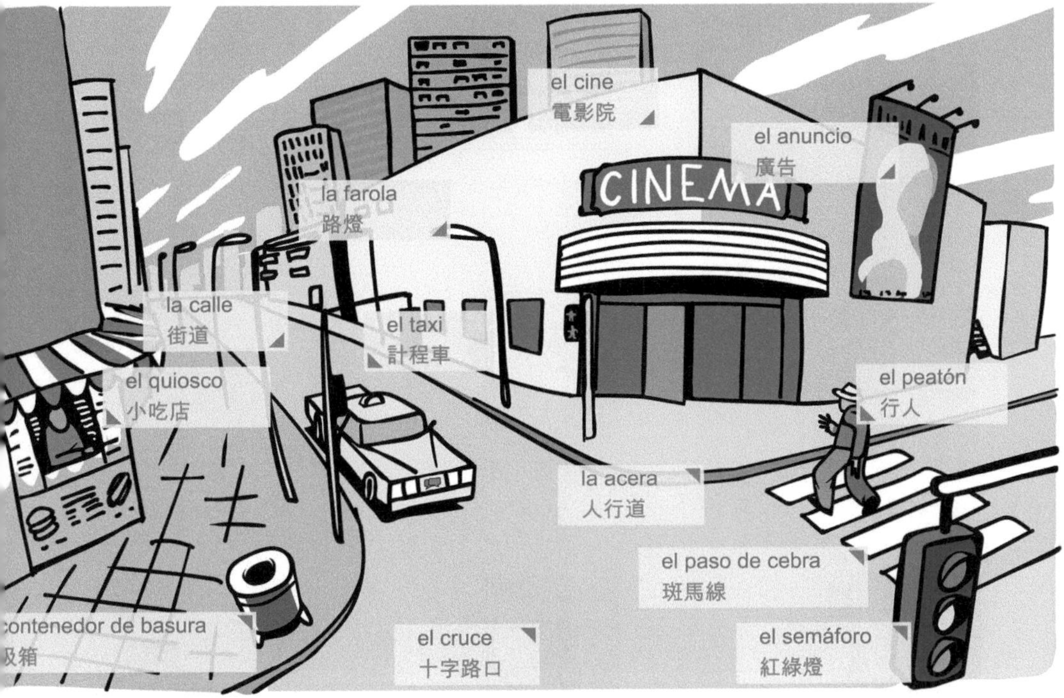

el cine
電影院

el anuncio
廣告

la farola
路燈

la calle
街道

el taxi
計程車

el quiosco
小吃店

CINEMA

el peatón
行人

la acera
人行道

el paso de cebra
斑馬線

contenedor de basura
圾箱

el cruce
十字路口

el semáforo
紅綠燈

la cabaña
小屋

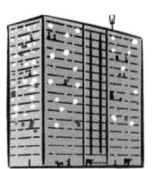

el apartamento
公寓

la estación de tren
火車站

el ayuntamiento
市政廳

el museo
博物館

la escuela
學校

la ciudad - 城市

la universidad

大學

el banco

銀行

el hospital

醫院

el hotel

飯店

la farmacia

藥房

la oficina

辦公室

la librería

書店

la tienda de campaña

商店

la floristería

花店

el supermercado

超市

el mercado

市場

los grandes almacenes

百貨商店

la pescadería

魚店

el centro comercial

購物中心

el puerto

海港

el parque

公園

el banco

長凳

el puente

橋

las escaleras

樓梯

el metro

捷運

el túnel

隧道

la parada de autobús

公車站

el bar

酒吧

el restaurante

餐館

el buzón

郵筒

el poste indicador

路標

el parquímetro

停車計時器

el zoo

動物園

la piscina

游泳池

la mezquita

清真寺

la granja

農場

la contaminación

污染

el cementerio

墓地

la iglesia

教堂

el patio de juego

操場

el templo

寺廟

el paisaje
地形

la hoja
樹葉

la señal
指示牌

el camino
路

el prado
草地

la piedra
石頭

el excursionista
徒步旅行者

el árbol
樹

el río
河

la hierba
草

la flor
花

el valle
峽谷

la colina
丘陵

el lago
湖

el bosque
森林

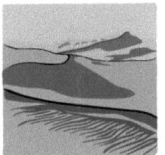

el desierto
沙漠

el volcán
火山

el castillo
城堡

el arcoíris
彩虹

el champiñón
蘑菇

la palmera
棕櫚樹

el mosquito
蚊子

la mosca
蒼蠅

la hormiga
螞蟻

la abeja
蜜蜂

la araña
蜘蛛

el escarabajo

甲蟲

la rana

青蛙

la ardilla

松鼠

el erizo

刺蝟

la liebre

野兔

la lechuza

貓頭鷹

el pájaro

鳥

el cisne

天鵝

el jabalí

野豬

el ciervo

鹿

el alce

麋鹿

la presa

水壩

la turbina eólica

風力發電機

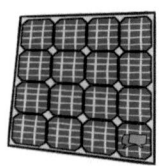

el panel solar

太陽能電池板

el clima

氣候

el restaurante
餐館

el camarero
服務生
el menú
菜譜
la silla
椅子
la sopa
湯
la pizza
披薩餅
la cubertería
餐具
el mantel
桌布

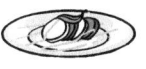

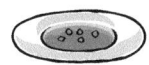

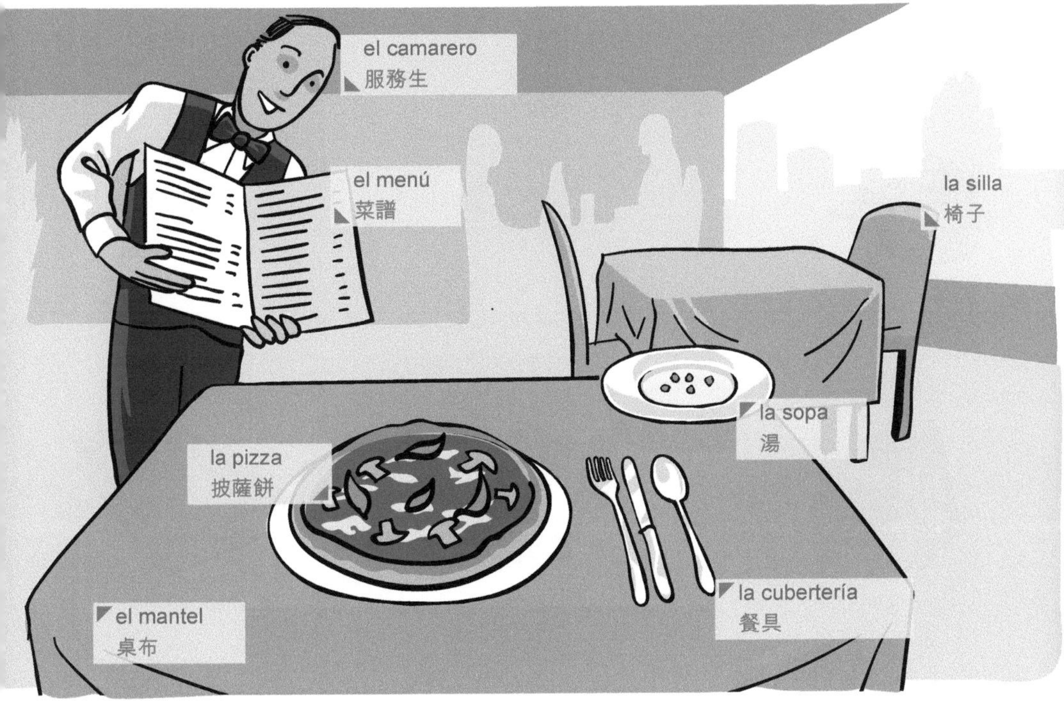

el primer plato
前菜

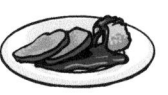

el plato principal
主菜

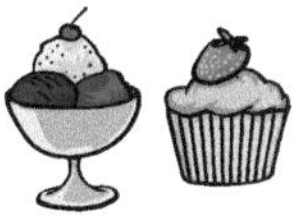

el postre
甜點

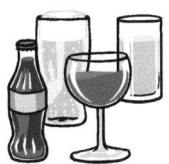

las bebidas
飲料

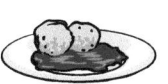

la comida
食物

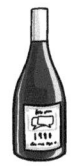

la botella
瓶子

la comida rápida

速食

la comida callejera

街邊小吃

la tetera

茶壺

el azucarero

糖盒

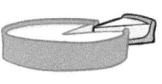

la porción

一份飯菜

la cafetera expreso

義式咖啡機

la trona

高腳椅

la cuenta

帳單

la bandeja

托盤

el cuchillo

刀

el tenedor

餐叉

la cuchara

勺子

la cucharilla

茶匙

la servilleta

餐巾

el vaso

玻璃杯

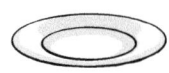

el plato

碟子

el plato hondo

湯盤

el platillo

碟子

la salsa

醬

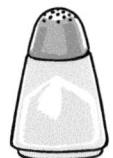

el salero

鹽瓶

el molinillo de pimienta

胡椒研磨罐

el vinagre

醋

el aceite

食用油

las especias

調味料

el ketchup

番茄醬

la mostaza

芥末

la mayonesa

美乃滋

el supermercado
超市

la oferta especial
特價
FOR
el cliente
顧客
los lácteos
乳製品
la fruta
水果
el carro de compra
購物車

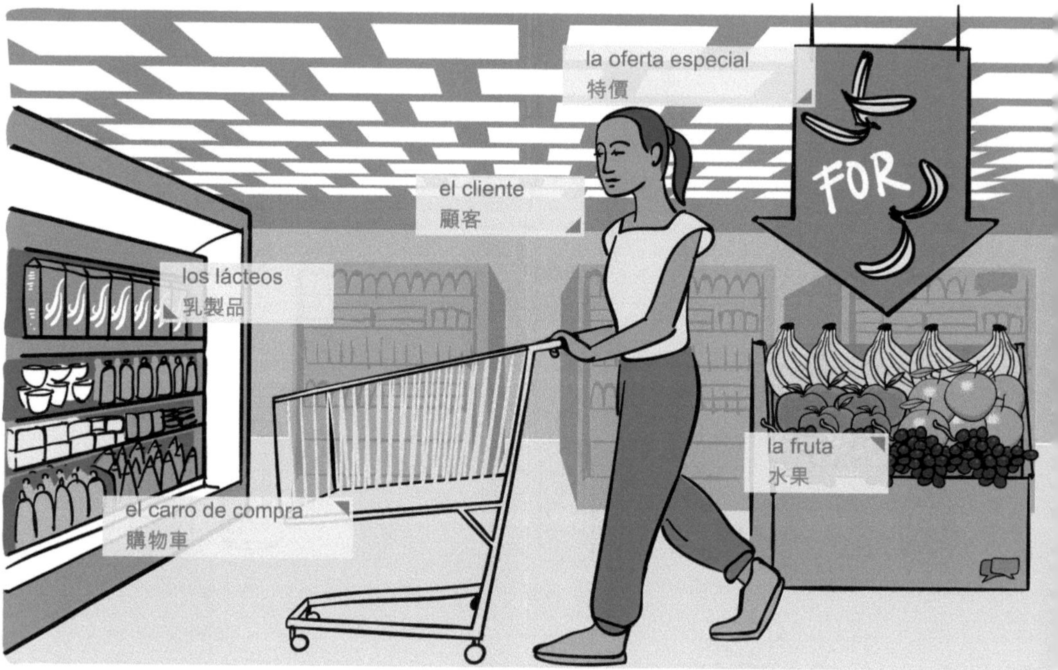

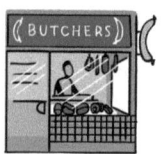

BUTCHERS

la carniceria

肉鋪

BAKERY

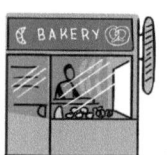

la panadería

麵包店

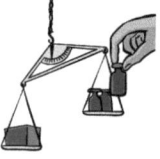

pesar

稱重

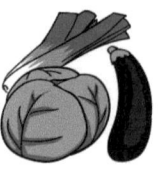

las verduras

蔬菜

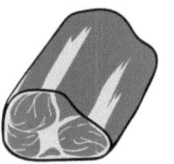

la carne

肉

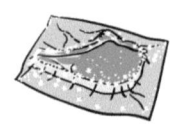

los alimentos congelados

冷凍食品

los fiambres

冷盤

las conservas

罐頭食品

el detergente en polvo

洗衣粉

los dulces

甜食

productos de uso doméstico

日用品

productos de limpieza

清潔用品

la vendedora

銷售員

la caja de cartón

收銀機

el cajero

收銀員

la lista de la compra

購物清單

el horario de atención al público

開放時間

la cartera

錢包

la tarjeta de crédito

信用卡

la bolsa de plástico

袋子

la bolsa de plástico

塑膠袋

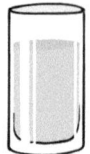

el agua

水

el zumo

果汁

la leche

牛奶

la cola

可樂

el vino

紅酒

la cerveza

啤酒

el alcohol

酒

el cacao

可可

el té

茶

el café

咖啡

el expreso

義式濃縮咖啡

el capuchino

卡布奇諾

el plátano

香蕉

la manzana

蘋果

la naranja

柳丁

el melón

西瓜

el limón

檸檬

la zanahoria

胡蘿蔔

el ajo

大蒜

el bambú

竹子

la cebolla

洋蔥

el champiñón

蘑菇

las avellanas

堅果

los fideos

麵條

las espagueti

義大利麵

el arroz

米飯

la ensalada

沙拉

las patatas fritas

薯條

las patatas fritas

炸馬鈴薯

la pizza

披薩餅

la hamburguesa

漢堡

el sándwich

三明治

el filete

炸豬排

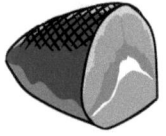

el jamón

火腿

le salami

義大利臘腸

la salchicha

香腸

el pollo

雞肉

el asado

烤肉

el pescado

魚

los copos de avena

燕麥片

el muesli

木斯里

los copos de maíz

玉米片

la harina

麵粉

el cruasán

牛角麵包

el panecillo

麵包捲

el pan

麵包

la tostada

吐司

las galletas

餅乾

la mantequilla

奶油

la cuajada

凝乳

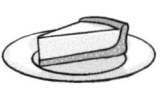

el pastel

蛋糕

el huevo

蛋

el huevo frito

煎蛋

el queso

起司

el helado

冰淇淋

el azúcar

糖

la miel

蜂蜜

la mermelada

果醬

la crema de turrón

巧克力醬

el curry

咖哩

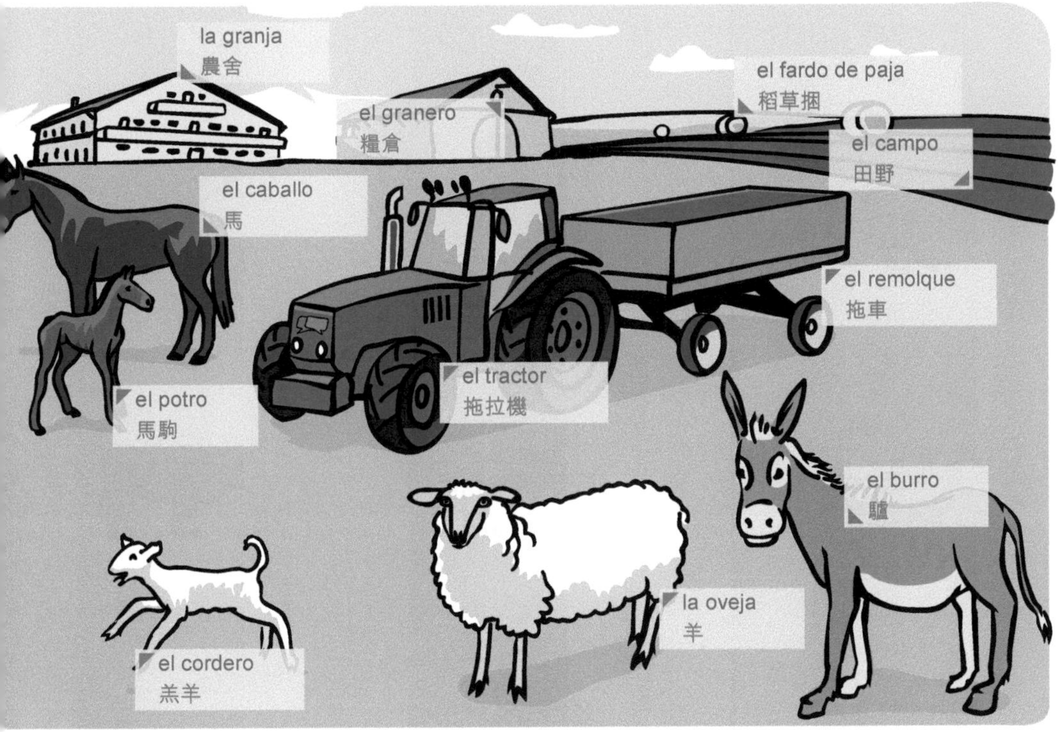

la granja
農舍

el fardo de paja
稻草捆

el granero
糧倉

el campo
田野

el caballo
馬

el remolque
拖車

el potro
馬駒

el tractor
拖拉機

el burro
驢

la oveja
羊

el cordero
羔羊

la cabra
山羊

la vaca
奶牛

el ternero
小牛

el cerdo
豬

el cerdito
小豬

el toro
公牛

el ganso

鵝

el pato

鴨

el pollo

小雞

la gallina

母雞

el gallo

公雞

la rata

鼠

el gato

貓

el ratón

老鼠

el buey

牛

el perro

狗

la perrera

狗屋

la manguera

花園澆水軟管

la regadera

澆水壺

la guadaña

長柄大鐮刀

el arado

犁

la hoz

鐮刀

la azada

鋤頭

la horca

長柄草耙

el hacha

斧頭

la carretilla

獨輪手推車

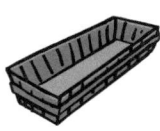

el abrevadero

飼料槽

la lechera

牛奶罐

el saco

麻布袋

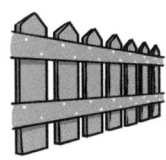

la valla

柵欄

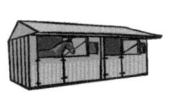

el establo

馬廄

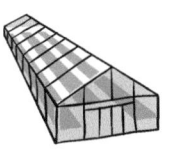

el invernadero

溫室

el suelo

土壤

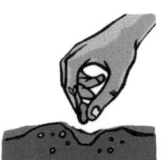

la semilla

種子

el fertilizador

肥料

la cosechadora

聯合收割機

cosechar

收割

la cosecha

收割

el ñame

地瓜

el trigo

小麥

el soja

大豆

la patata

土豆

el maíz

玉米

la semilla de colza

油菜籽

el árbol frutal

果樹

la mandioca

樹薯

las cereales

穀物

la casa
房子

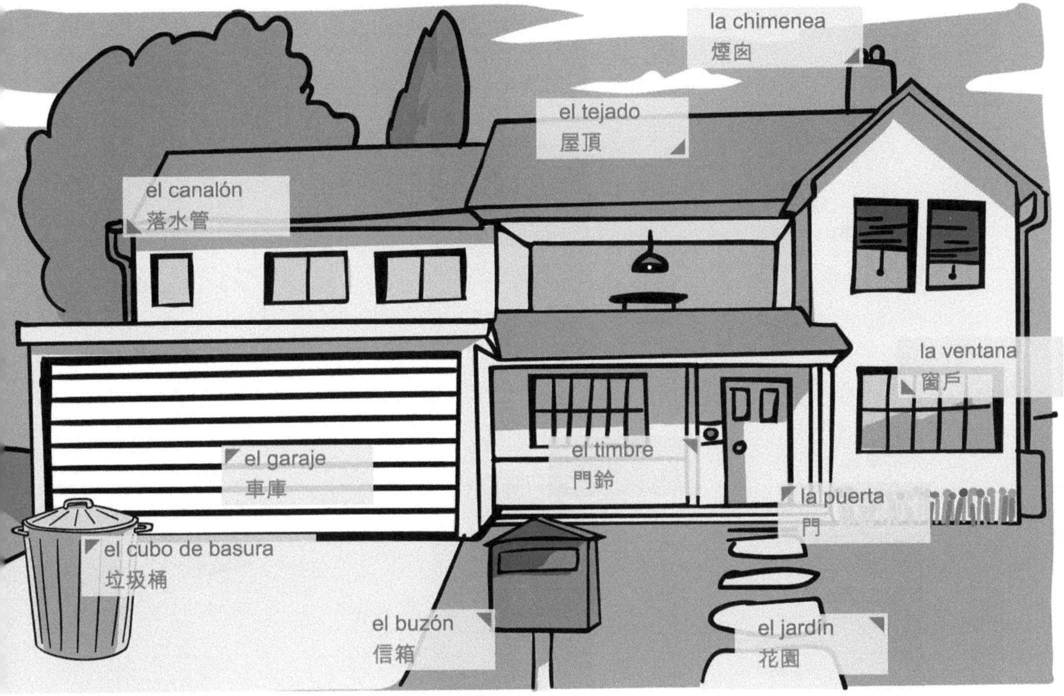
la chimenea
煙囪
el tejado
屋頂
el canalón
落水管
la ventana
窗戶
el garaje
車庫
el timbre
門鈴
la puerta
門
el cubo de basura
垃圾桶
el buzón
信箱
el jardín
花園

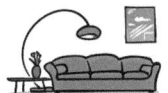

la sala

客廳

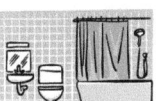

el cuarto de baño

浴室

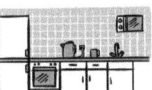

la cocina

廚房

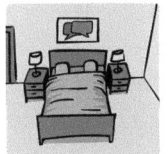

el dormitorio

臥室

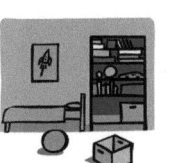

la habitación de los niños

兒童房

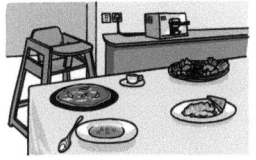

el comedor

餐廳

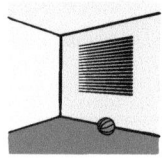

el suelo

地板

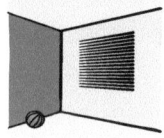

la pared

牆壁

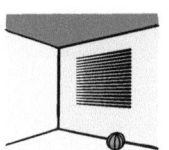

el techo

天花板

el sótano

地窖

la sauna

三溫暖

el balcón

陽臺

la terraza

露臺

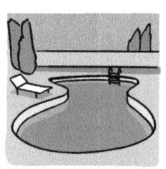

la piscina

游泳池

el cortacésped

割草機

la sábana

被單

la colcha

床罩

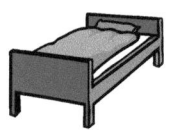

la cama

床

la escoba

掃帚

el balde

水桶

el interruptor

開關

la sala
客廳

el papel pintado
壁紙
la imagen
相片
la lámpara
檯燈
el estante
擱架
el armario
櫥櫃
la televisión
電視
la chimenea
壁爐
la flor
花
el cojín
墊子
el sofá
沙發
el jarrón
花瓶
el mando a distancia
遙控器

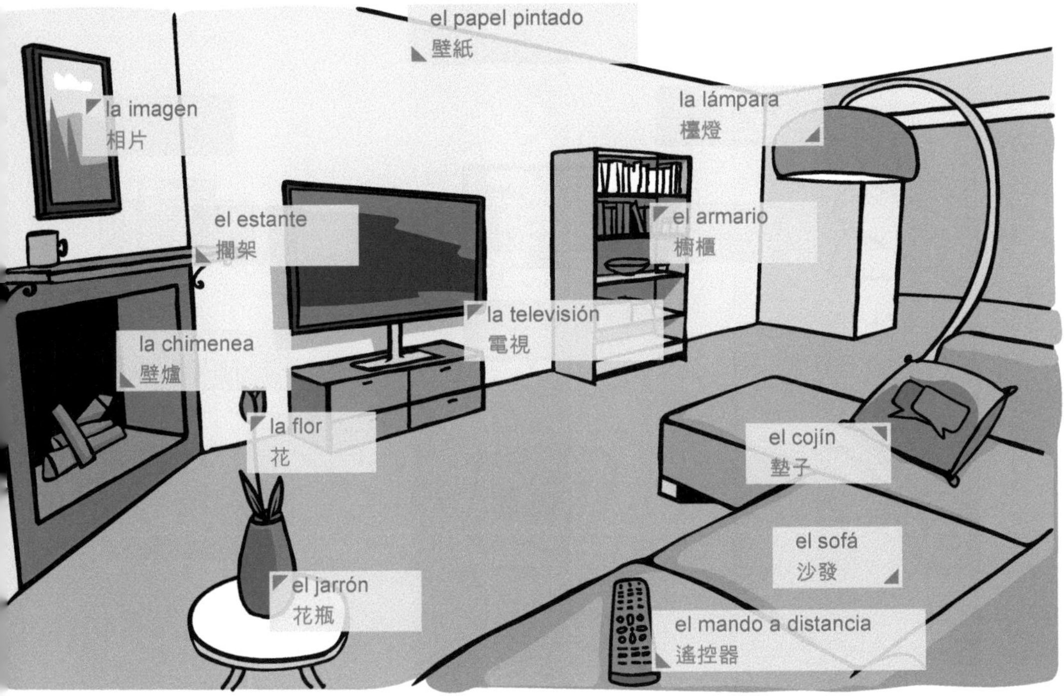

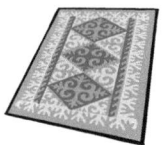

la alfombra

地毯

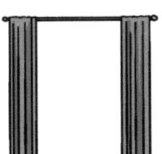

la cortina

窗簾

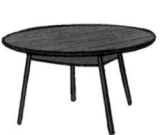

la mesa

餐桌

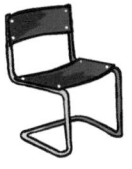

la silla

椅子

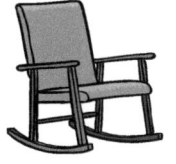

el mecedora

搖椅

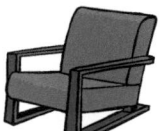

la butaca

扶手椅

el libro
書

la manta
毯子

la decoración
裝飾品

la leña
木柴

la película
電影

el equipo de música
高傳真音響

la llave
鑰匙

el periódico
報紙

la pintura
油畫

el póster
海報

la radio
收音機

el cuaderno
筆記本

la aspiradora
吸塵器

el cactus
仙人掌

la vela
蠟燭

la cocina
廚房

el refrigerador
冰箱
el microondas
微波爐
la balnza de cocina
廚房秤
la tostadora
烤麵包機
el detergente
洗潔精
el horno
烤箱
el congelador
冰櫃
el cubo de basura
垃圾桶
el lavavajillas
洗碗機

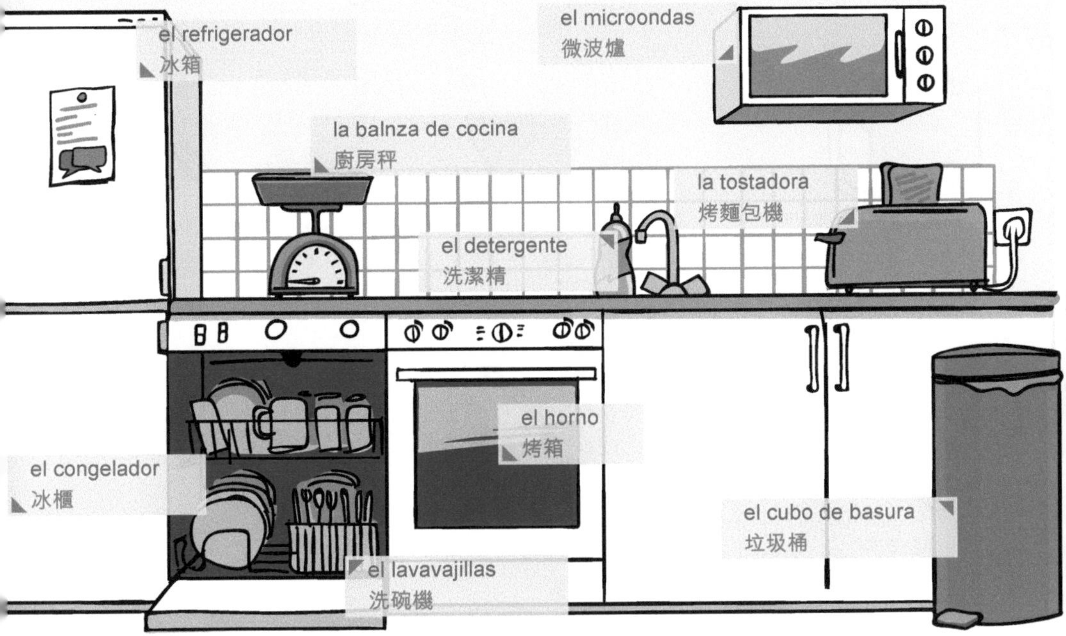

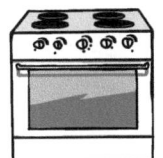

la olla a presión
炊具

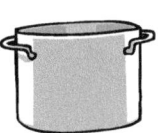

la olla
鍋

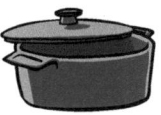

la olla de hierro fundido
鑄鐵鍋

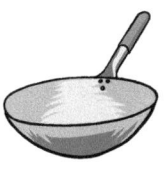

el wok
炒鍋

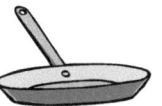

la cazuela
平底鍋

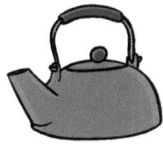

el hervidor
水壺

la vaporera

蒸鍋

la chapa de horno

烤盤

la vajilla

陶瓷鍋

la taza

馬克杯

el tazón

碗

los palillos

筷子

el cucharón

長柄勺

la espumadera

鏟子

el batidor

攪拌器

el colador

濾網

el cedazo

篩子

el rallador

磨碎機

el mortero

研缽

la barbacoa

燒烤

la hoguera

明火

la tabla de picar

菜板

el rodillo

擀麵杖

el sacacorchos

開瓶器

la lata

罐子

el abrelatas

開罐器

el agarrador

隔熱手套

el lavabo

水槽

el cepillo

刷子

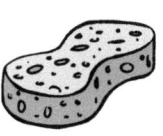

la esponja

海綿

la batidora

攪拌機

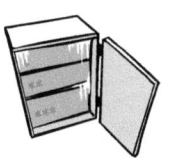

el congelador

冷藏箱

el biberón

奶瓶

el grifo

水龍頭

el cuarto de baño

浴室

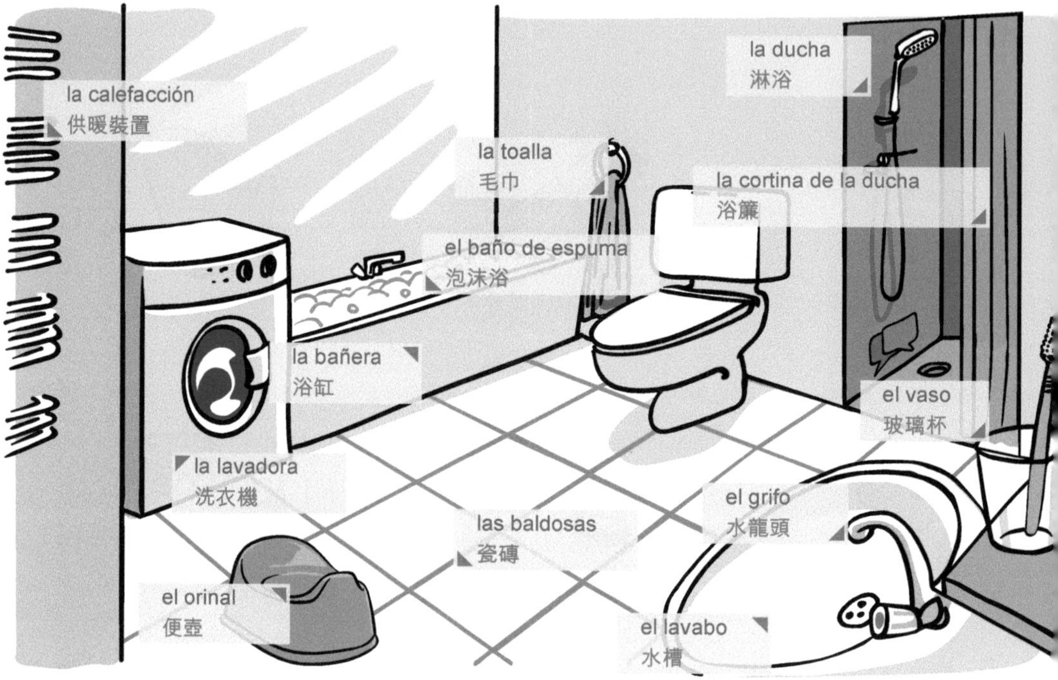

la calefacción
供暖裝置
la toalla
毛巾
la ducha
淋浴
la cortina de la ducha
浴簾
el baño de espuma
泡沫浴
la bañera
浴缸
la lavadora
洗衣機
el vaso
玻璃杯
el grifo
水龍頭
las baldosas
瓷磚
el orinal
便壺
el lavabo
水槽

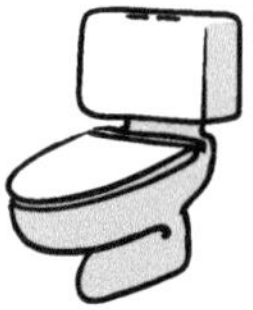

el inodoro

廁所

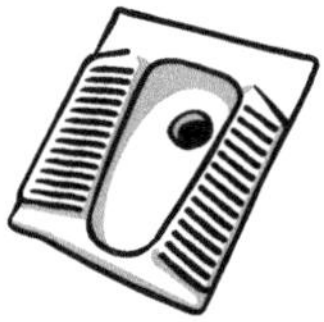

el inodoro rústico

蹲便器

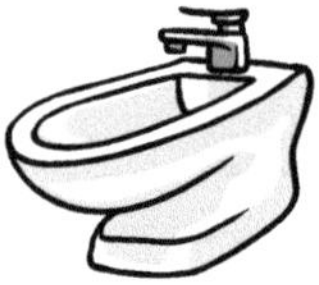

el bidé

坐浴器

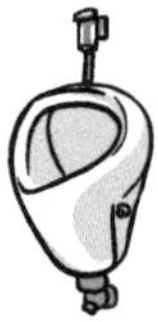

el urinario

小便斗

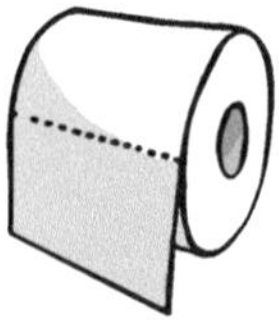

el papel higiénico

廁紙

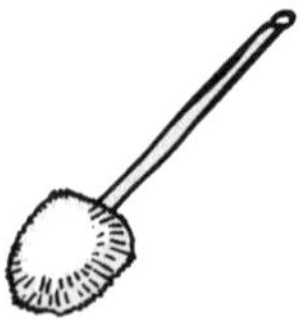

la escobilla del váter

馬桶刷

el cepillo de dientes

牙刷

la pasta de dientes

牙膏

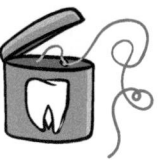

el hilo dental

牙線

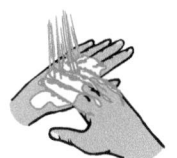

lavar

洗

la ducha de mano

手持式蓮蓬頭

la ducha íntima

沖洗器

la pila

洗臉盆

el cepillo de espalda

洗背刷

el jabón

肥皂

el gel de ducha

沐浴露

el champú

洗髮乳

la toallita

法蘭絨

el desagüe

排水

la crema

乳霜

el desodorante

除臭劑

el espejo

鏡子

el espejo de tocador

手鏡

la maquinilla de afeitar

刮鬍刀

la espuma de afeitar

刮鬍泡沫

la loción postafeitado

鬍後水

el peine

梳子

el cepillo

刷子

el secador

吹風機

la laca

噴髮定型劑

el maquillaje

化妝品

el pintalabios

唇膏

el pintauñas

指甲油

el algodón

化妝棉

el cortauñas

指甲剪

el perfume

香水

el estuche de viaje

洗漱包

la banqueta

凳子

la balanza

計重秤

el albornoz

浴袍

los guantes de goma

橡膠手套

el tampón

衛生棉條

la compresa

衛生棉

el inodoro químico

化學廁所

la habitación de los niños
兒童房

el despertador
鬧鐘
el peluche
毛絨玩具
el coche de juguete
玩具車
el sonajero
撥浪鼓
la casa de muñecas
玩具屋
el regalo
禮物

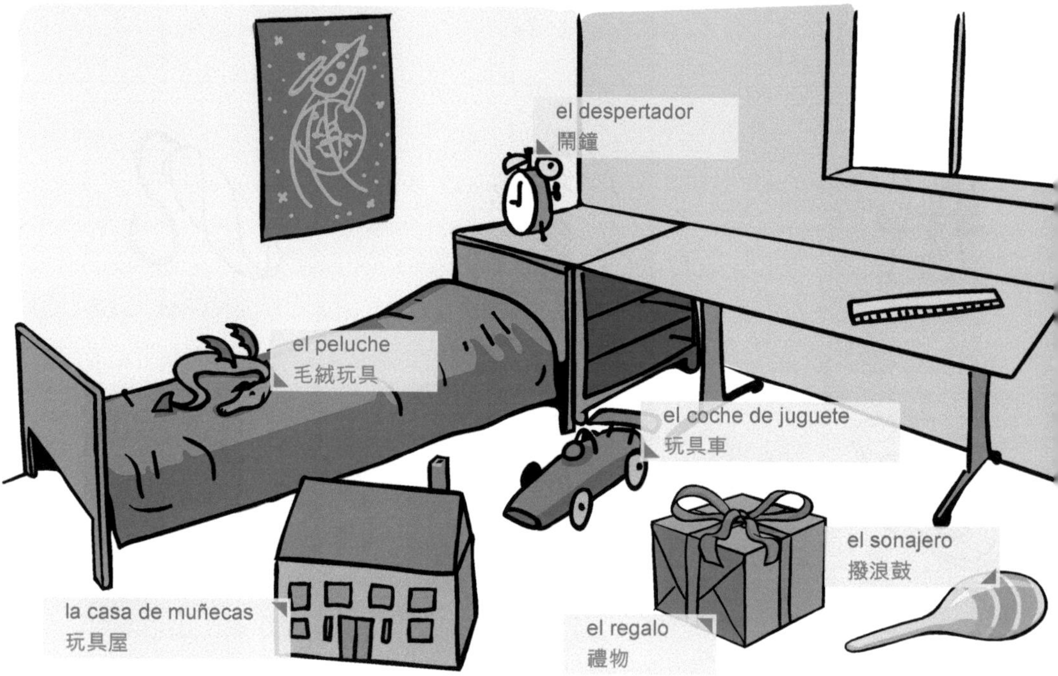

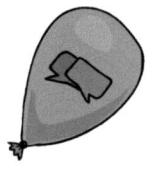

el globo

氣球

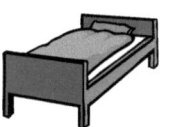

la cama

床

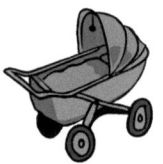

el coche de niño

嬰兒車

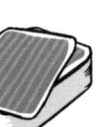

los naipes

撲克牌

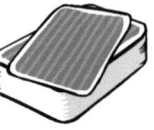

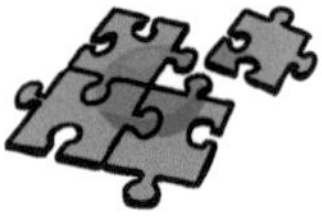

el puzle

拼圖

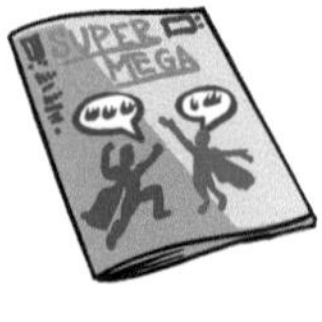

el tebeo

漫畫

las piezas de lego

樂高積木

los bloques de juguete

積木玩具

la figura de acción

公仔

el bodi (de bebé)

嬰兒服

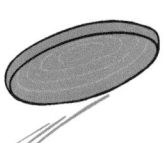

el frisbee

飛盤

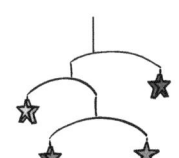

el colgador móvil para bebés

床鈴玩具

el juego de mesa

棋盤遊戲

los dados

骰子

el circuito de tren eléctrico

火車模型

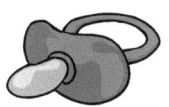

el maniquí

安撫奶嘴

la fiesta

派對

el álbum de fotos

繪本

la pelota

球

la muñeca

洋娃娃

jugar

玩

el cajón de arena

沙坑

el columpio

鞦韆

los juguetes

玩具

la videoconsola

電玩遊戲

el triciclo

三輪車

el oso de peluche

泰迪熊

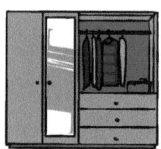

la guardarropa

衣櫃

la ropa

衣服

los calcetines

襪子

las medias

長襪

los leotardos

緊身褲

la bufanda
圍巾

el paraguas
雨傘

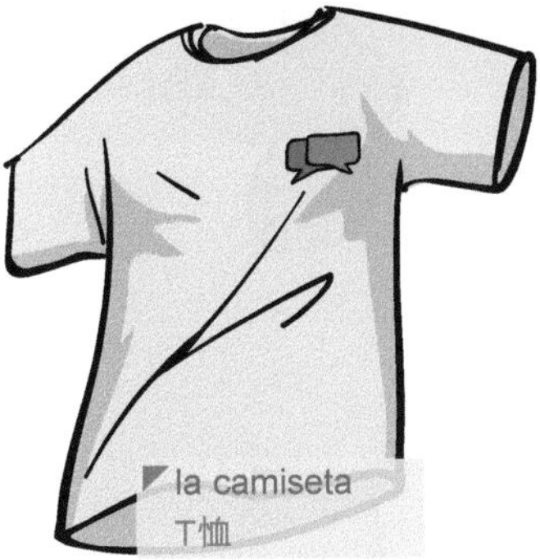

la camiseta
T恤

el cinturón
皮帶

las botas
靴子

las zapatillas
拖鞋

las deportivas
運動鞋

las sandalias
涼鞋

los zapatos
鞋

las botas de goma
雨靴

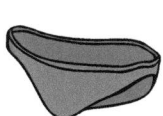
el slip
內褲

el sostén
胸罩

el chaleco
背心

el bodi

身體

los pantalones cortos

褲子

los vaqueros

牛仔褲

la falda

短裙

la blusa

女式襯衫

la camisa

襯衫

el jersey

套頭衫

el suéter

連帽上衣

el blazer

西裝夾克

la chaqueta

夾克

el abrigo

外套

la gabardina

雨衣

el traje

套裝

el vestido

連衣裙

el vestido de novia

婚紗

el traje

西裝

el camisón

睡袍

el pijama

睡衣

el sati

莎麗

el bandana

頭巾

el turbante

包頭巾

la burka

波卡

el caftán

卡夫坦

la abaya

(阿拉伯式)長袍

el traje de baño

泳衣

el bañador

男式泳褲

los pantalones cortos

短褲

el chándal

運動服

el delantal

圍裙

los guantes

手套

la ropa - 衣服

el botón

鈕扣

las gafas

眼鏡

el brazalete

手鏈

el collar

項鍊

el anillo

戒指

el pendiente

耳環

la gorra

便帽

la percha

衣架

el sombrero

帽子

la corbata

領帶

la cremallera

拉鍊

el casco

安全帽

los tirantes

背帶

el uniforme

校服

el uniforme

制服

el babero

圍兜

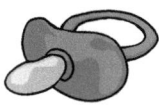

el maniquí

安撫奶嘴

el pañal

尿布

la oficina

辦公室

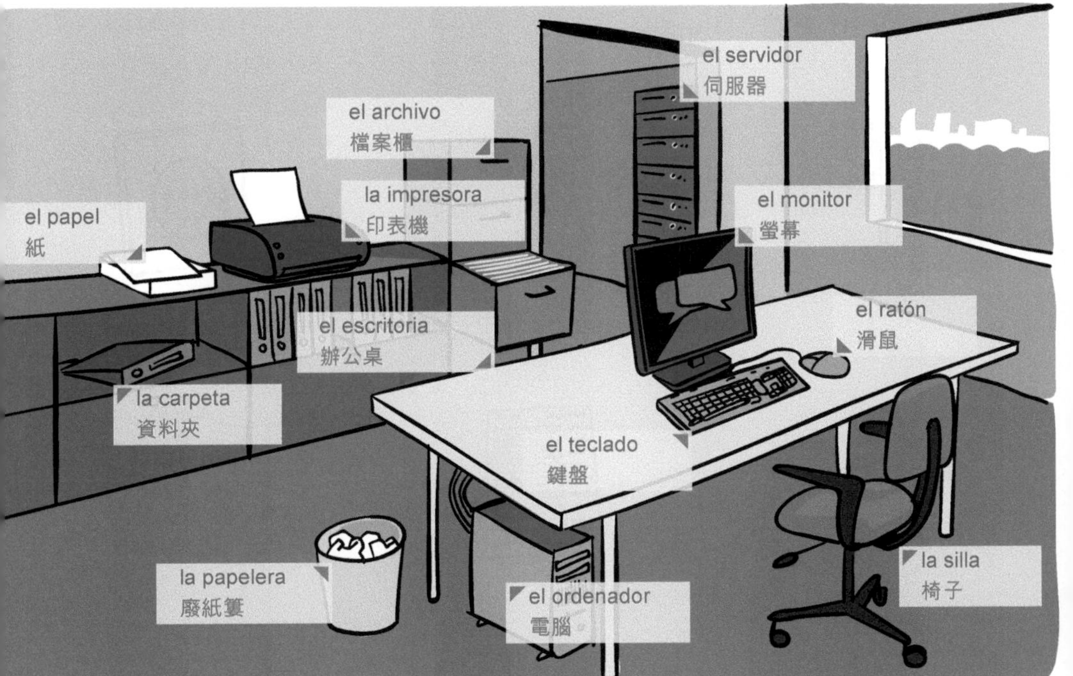

el servidor
伺服器

el archivo
檔案櫃

la impresora
印表機

el monitor
螢幕

el papel
紙

el ratón
滑鼠

el escritoria
辦公桌

la carpeta
資料夾

el teclado
鍵盤

la papelera
廢紙簍

la silla
椅子

el ordenador
電腦

la taza de café

咖啡杯

la calculadora

計算機

el internet

網際網路

el portátil

筆記型電腦

la carta

信件

el mensaje

簡訊

el móvil

行動電話

la red

網路

la fotocopiadora

影印機

el software

軟體

el teléfono

電話

la toma de corriente

插座

el fax

傳真機

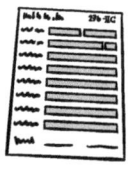

el formulario

表格

el documento

檔案

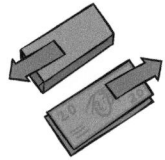

comprar

買

pagar

付錢

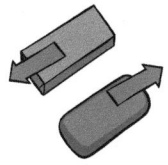

comerciar

交易

el dinero

現金

el dólar

美元

el euro

歐元

el yen

日元

el rublo

盧布

el franco suizo

瑞士法郎

el renminbi yuan

人民幣

la rupia

盧比

el cajero automático

提款處

la oficina de cambio de
divisas
外幣兌換處

el oro
金

la plata
銀

el petróleo
石油

la energía
能源

el precio
價格

el contrato
合約

el impuesto
稅金

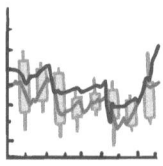

la acción
股票

trabajar
工作

el empleador
職員

el empleador
老闆

la fábrica
工廠

la tienda de campaña
商店

los oficios
職業

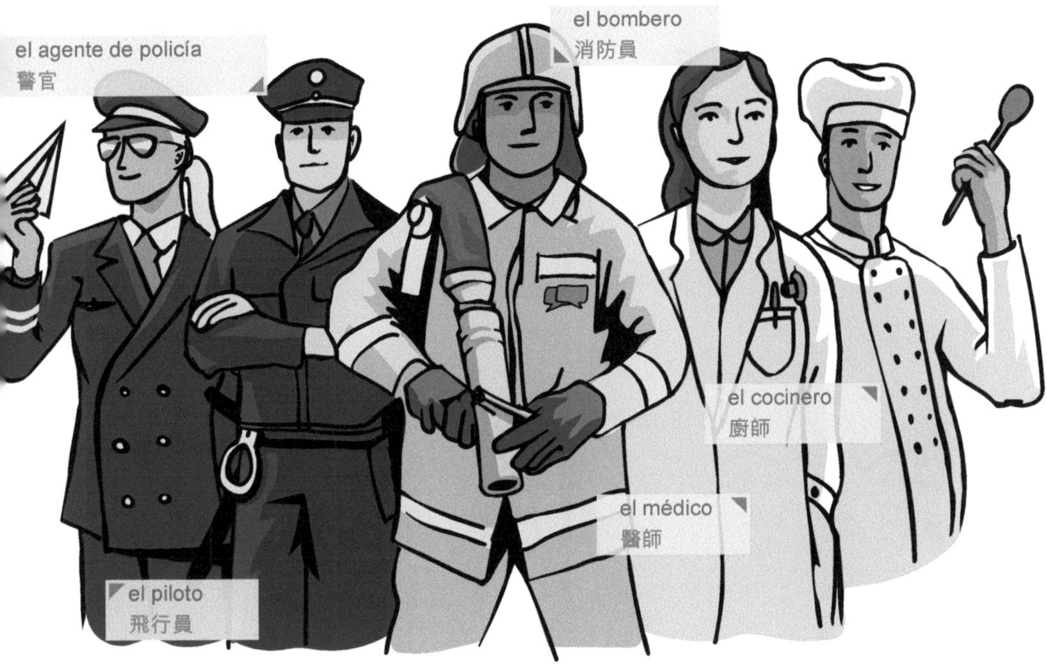
el agente de policía
警官
el bombero
消防員
el cocinero
廚師
el médico
醫師
el piloto
飛行員

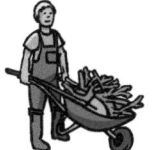

el jardinero

園丁

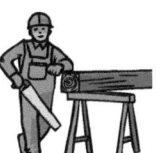

el carpintero

木匠

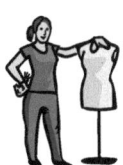

la costurera

裁縫

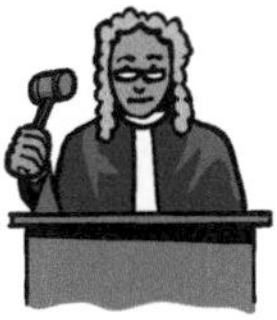

el juez

法官

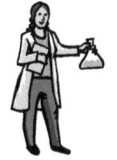

el farmacéutico

化學家

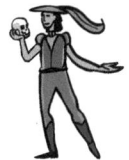

el actor

演員

el conductor de autobús

公車司機

el taxista

計程車司機

el pescador

漁夫

la señora de la limpieza

清洗女工

el techador

屋頂工

el camarero

服務生

el cazador

獵人

el pintor

畫家

el panadero

麵包師

el electricista

電工

el obrero

建築工人

el ingeniero

工程師

el carnicero

屠夫

el fontanero

水管工

el cartero

郵差

el soldado

士兵

el arquitecto

建築師

el cajero

收銀員

el florista

花農

el peluquero

理髮師

el revisor

售票員

el mecánico

機械技師

el capitán

船長

el dentista

牙醫

el científico

科學家

el rabino

拉比

el imán

伊瑪目

el monje

和尚

el sacerdote

牧師

las herramientas
工具

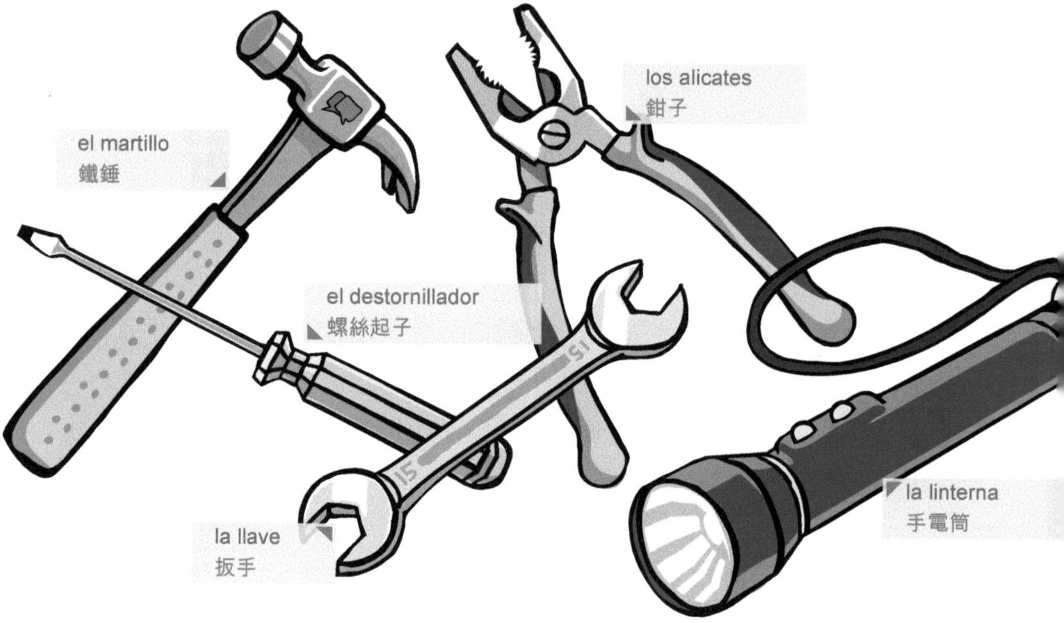

el martillo
鐵錘

los alicates
鉗子

el destornillador
螺絲起子

la llave
扳手

la linterna
手電筒

la excavadora

挖掘機

la caja de herramientas

工具箱

la escalera de mano

梯子

la sierra

鋸子

los clavos

釘子

el taladro

鑽機

reparar
修

la pala
鏟子

¡Maldita sea!
糟糕！

el recogedor
畚箕

el bote de pintura
油漆桶

los tornillos
螺絲

los instrumentos musicales

樂器

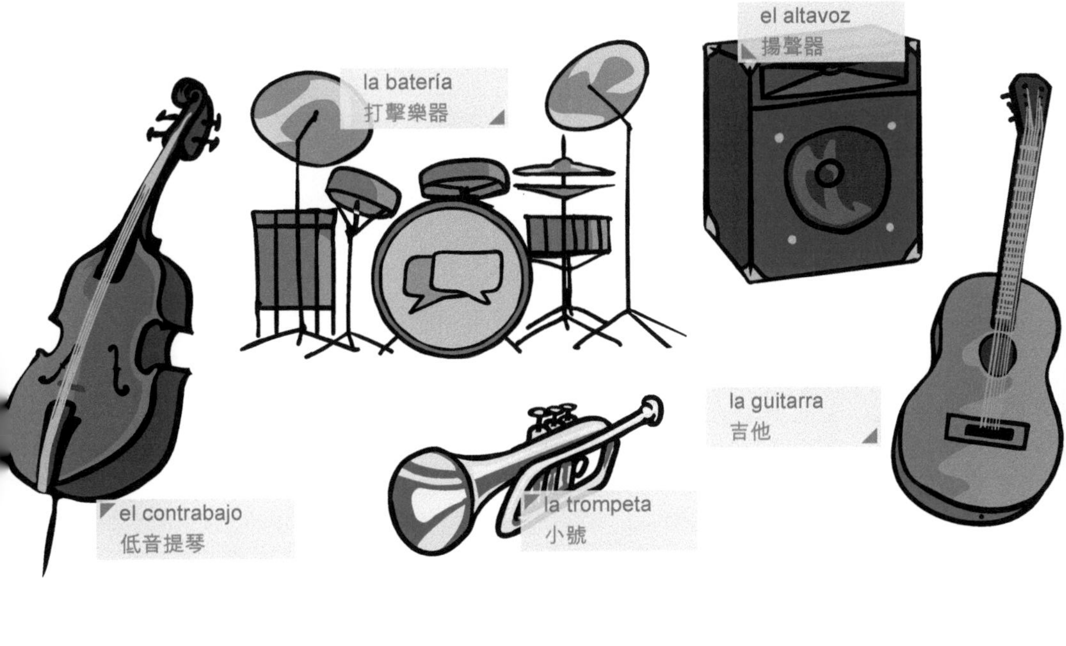

el altavoz
揚聲器

la batería
打擊樂器

la guitarra
吉他

el contrabajo
低音提琴

la trompeta
小號

el piano

鋼琴

el violín

小提琴

bajo

貝斯

los timbales

定音鼓

el tambor

鼓

el teclado

電子琴

el saxofón

薩克斯風

la flauta

長笛

el micrófono

麥克風

el tigre
老虎

la entrada
入口

la jaula
籠子

la cebra
斑馬

el pienso
動物飼料

el panda
熊貓

los animales

動物

el elefante

大象

el canguro

袋鼠

el rinoceronte

犀牛

el gorila

大猩猩

el oso

熊

el camello

駱駝

el avestruz

鴕鳥

el león

獅子

el mono

猴子

el flamingo

紅鶴

el loro

鸚鵡

el oso polar

北極熊

el pingüino

企鵝

el tiburón

鯊魚

el pavo real

孔雀

la serpiente

蛇

el cocodrilo

鱷魚

el guardián de zoológico

動物園管理員

la foca

海豹

el jaguar

美洲豹

el poni

矮種馬

el leopardo

豹

el hipopótamo

河馬

la jirafa

長頸鹿

el águila

老鷹

el jabalí

野豬

el pescado

魚

la tortuga

龜

la morsa

海象

el zorro

狐狸

la gacela

羚羊

el fútbol americano
橄欖球

el ciclismo
騎腳踏車

el tenis
網球

el baloncesto
籃球

la natación
游泳

el boxeo
拳擊

el hockey sobre hielo
冰球

el fútbol
美式足球

el bádminton
羽毛球

el atletismo
田徑

el balonmano
手球

el esquí
滑雪

el polo
馬球

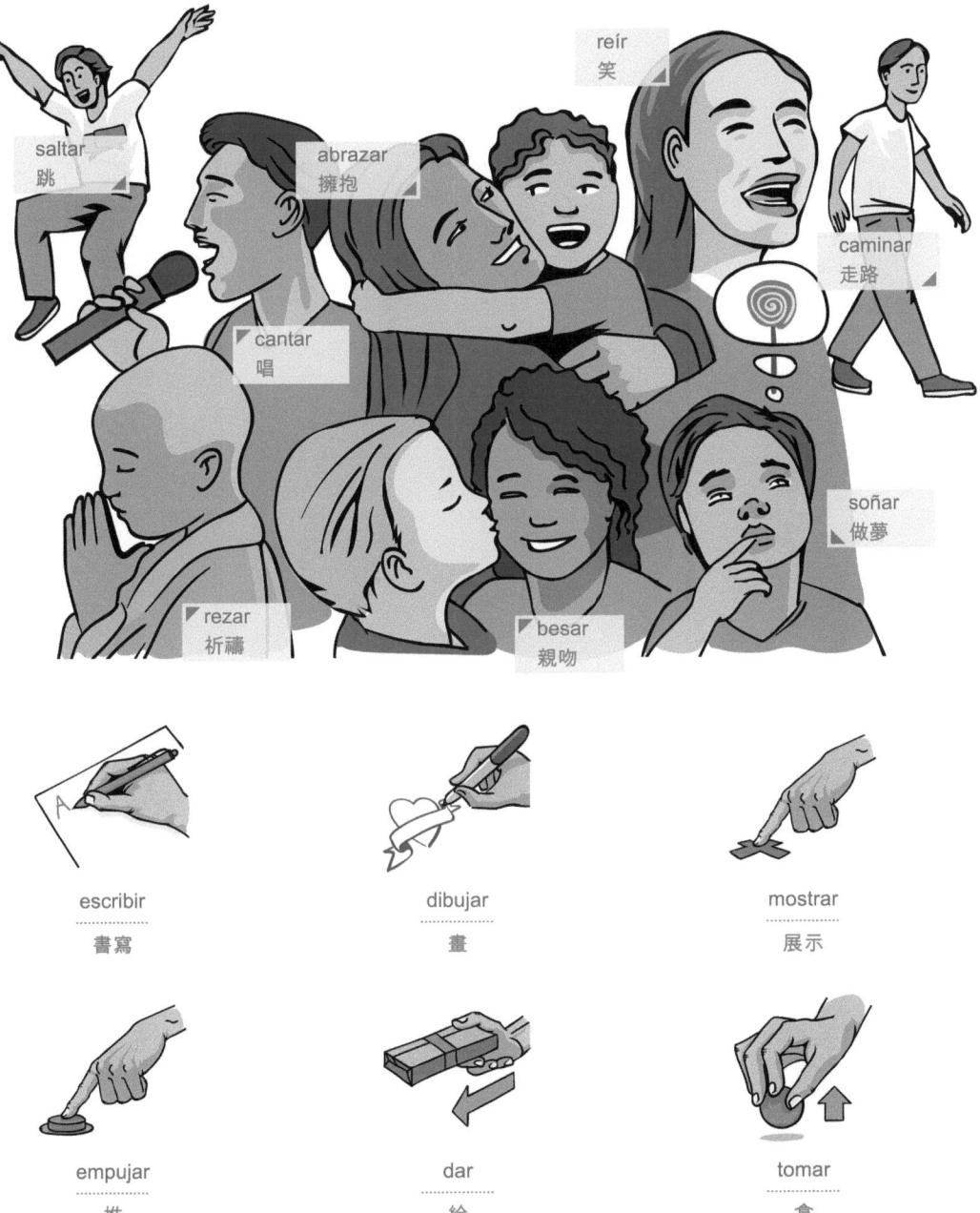

reír 笑		
saltar 跳	abrazar 擁抱	caminar 走路
cantar 唱		soñar 做夢
rezar 祈禱	besar 親吻	

escribir
書寫

dibujar
畫

mostrar
展示

empujar
推

dar
給

tomar
拿

tener

有

hacer

做

ser

當

estar de pie

站

correr

跑

tirar

拉

tirar

丟

caer

摔倒

yacer

躺

esperar

等待

llevar

攜帶

estar sentado

坐

vestirse

穿衣

dormir

睡覺

despertar

醒來

mirar

看

llorar

哭

acariciar

擊

peinar

梳頭

hablar

交談

entender

明白

preguntar

問

escuchar

聽

beber

喝

comer

吃

ordenar

清理

amar

愛

cocinar

做飯

conducir

開車

volar

飛

las actividades - 活動

navegar

航行

calcular

計算

leer

讀

aprender

學習

trabajar

工作

casarse

結婚

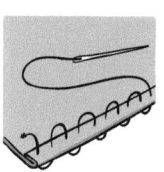

coser

縫

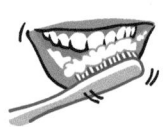

cepillarse los dientes

刷牙

matar

殺

fumar

抽菸

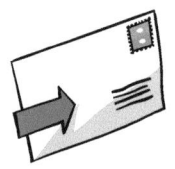

enviar

寄

la abuela
祖母

el abuelo
祖父

el padre
父親

la madre
母親

el bebé
嬰兒

la hija
女兒

el hijo
兒子

el invitado

客人

la tía

阿姨

el tío

叔叔

el hermano

兄弟

la hermana

姐妹

el cuerpo
身體

la frente
前額
el ojo
眼睛
el hombro
肩膀
el dedo
手指
la cara
臉
la barbilla
下巴
la mano
手
la pierna
腿
el pecho
乳房
el brazo
手臂

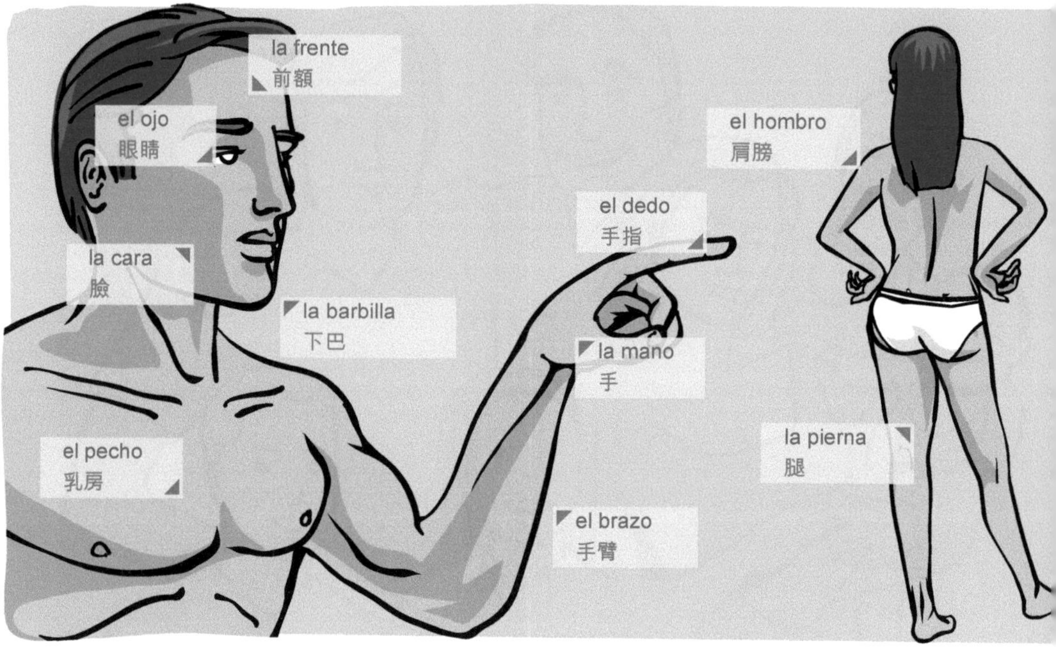

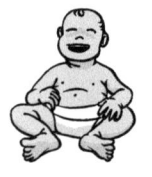

el bebé
嬰兒

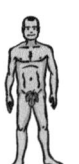

el hombre
男人

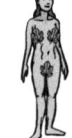

la mujer
女人

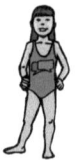

la chica
女孩

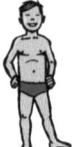

el chico
男孩

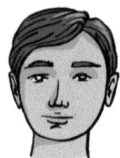

la cabeza
頭

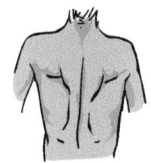

la espalda
背部

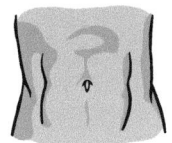

el vientre
肚子

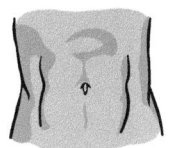

el ombligo
肚臍

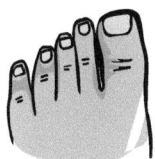

el dedo del pie
腳趾

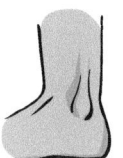

el talón
腳後跟

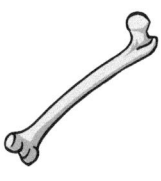

el hueso
骨頭

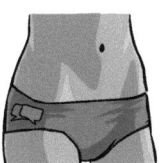

la cadera
臀部

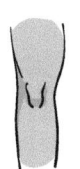

la rodilla
膝蓋

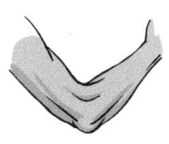

el codo
手肘

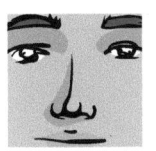

la nariz
鼻子

el trasero
屁股

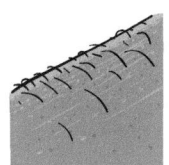

la piel
皮膚

la mejilla
臉頰

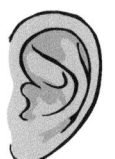

el oído
耳朵

el labio
嘴唇

la boca

嘴

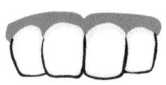

el diente

牙齒

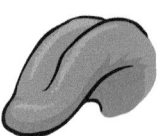

la lengua

舌頭

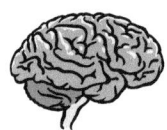

el cerebro

腦

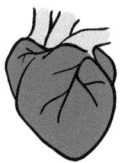

el corazón

心臟

el músculo

肌肉

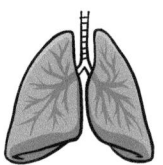

el pulmón

肺

el hígado

肝臟

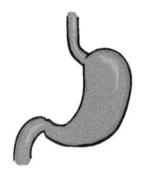

el estómago

胃

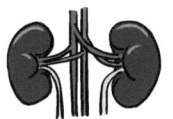

los riñones

腎臟

el sexo

性交

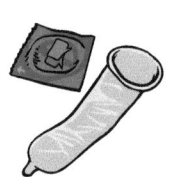

el condón

保險套

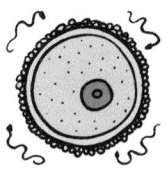

el ovario

卵子

el semen

精子

el embarazo

懷孕

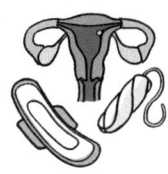

la menstruación

月事

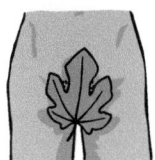

la vagina

陰道

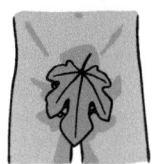

el pene

陰莖

la ceja

眉毛

el pelo

頭髮

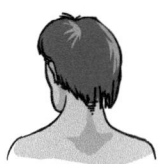

el cuello

脖子

el hospital

醫院

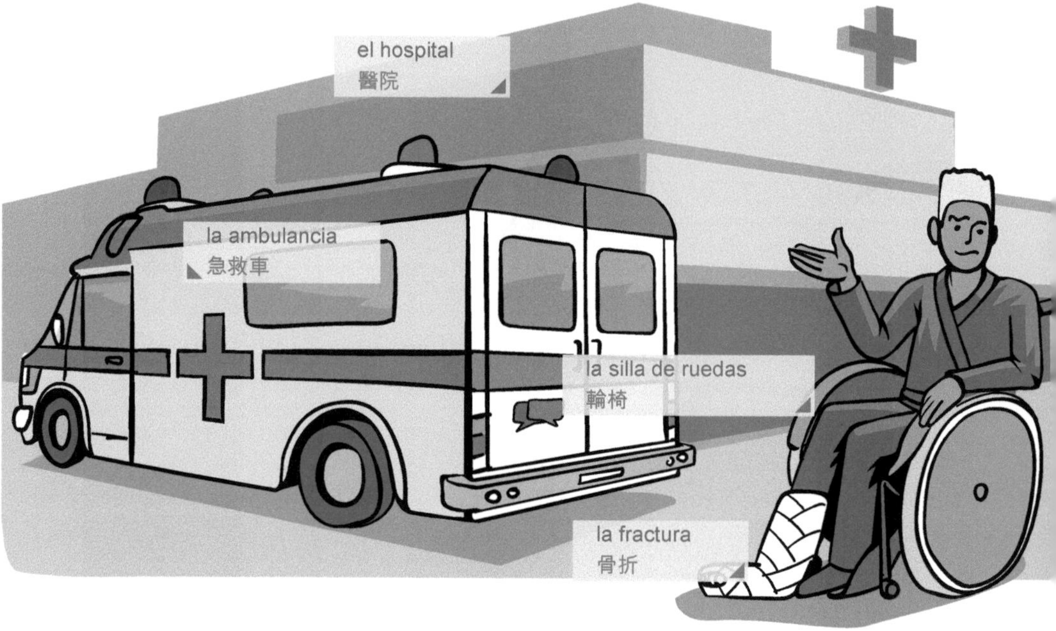

el hospital
醫院
la ambulancia
急救車
la silla de ruedas
輪椅
la fractura
骨折

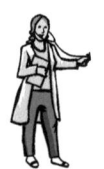

el médico

醫師

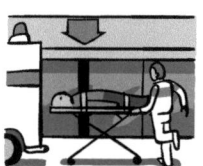

la sala de urgencias

急診室

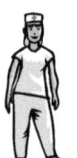

la enfermera

護理師

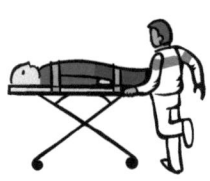

la urgencia

緊急情形

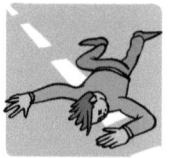

inconsciente

昏迷

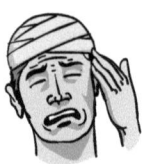

el dolor

痛

la lesión

受傷

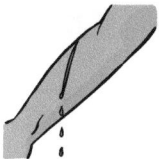

la hemorragia

出血

el infarto

心臟病發作

el ictus

中風

la alergia

過敏

la tos

咳嗽

la fiebre

發燒

la gripe

流感

la diarrea

腹瀉

el dolor de cabeza

頭痛

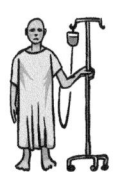

el cáncer

癌症

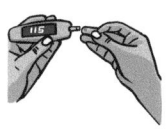

la diabetes

糖尿病

el cirujano

外科醫師

el bisturí

手術刀

la operación

手術

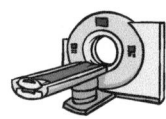

TAC

電腦斷層掃描

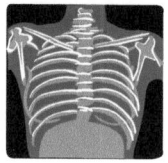

los rayos x

X光

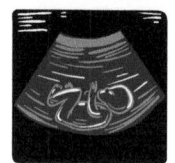

el ultrasonido

超音波

la mascarilla

口罩

la enfermedad

疾病

la sala de espera

候診室

la muleta

拐杖

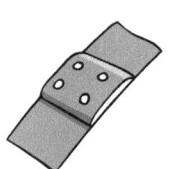

la tirita

石膏

la venda

繃帶

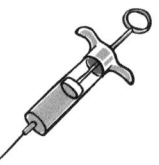

la inyección

注射

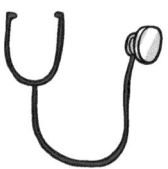

el estetoscopio

聽診器

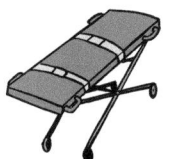

la camilla

擔架

el termómetro

體溫計

el nacimiento

出生

el sobrepeso

超重

el audífono

助聽器

el desinfectante

消毒液

la infección

感染

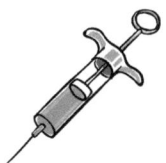

el virus

病毒

VIH / SIDA

愛滋病

la medicina

藥物

la vacunación

接種疫苗

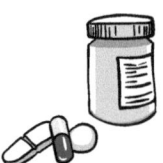

las tabletas

藥片

la pastilla

藥丸

la llamada de urgencia

急救電話

el tensiómetro

血壓計

enfermo / sano

生病/健康

la alarma

警報

el asalto

突擊

¡Socorro!

救命！

el ataque

攻擊

el peligro

危險

la salida de emergencia

緊急出口

¡Fuego!

失火了！

el extintor de incendios

滅火器

el accidente

意外

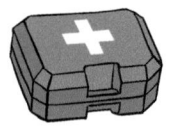

el botiquín de primeros
auxilios

急救箱

SOS

呼救訊號

la policía

員警

Europa

歐洲

Norteamérica

北美洲

Sudamérica

南美洲

África

非洲

Asia

亞洲

Australia

澳洲

el atlántico

大西洋

el Pacífico

太平洋

el Océano Índico

印度洋

el Océano Antártico

南冰洋

el Océano Ártico

北冰洋

el polo norte

北極

el polo sur

南極

La Antártida

南極洲

la tierra

地球

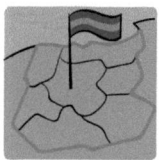

la tierra

陸地

el mar

海

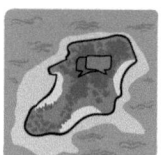

la isla

島

la nación

國家

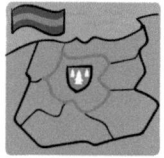

el estado

州

la esfera

錶盤

la manecilla de las horas

時針

el minutero

分針

el segundero

秒針

¿Qué hora es?

現在幾點？

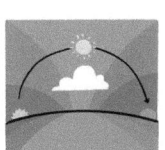

el día

天

el tiempo

時間

ahora

現在

el reloj digital

電子錶

el minuto

分

la hora

時

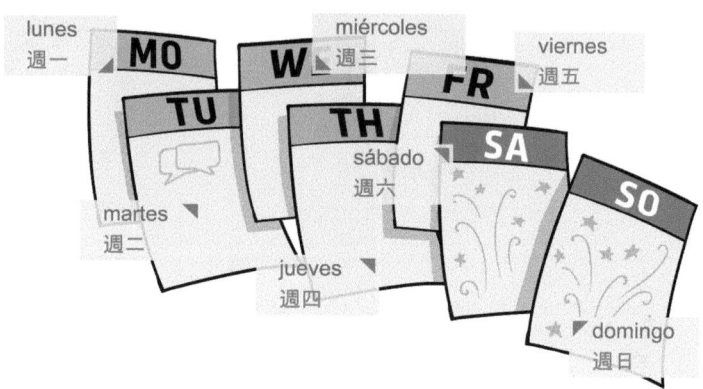

lunes 週一
miércoles 週三
viernes 週五
martes 週二
sábado 週六
jueves 週四
domingo 週日

ayer

昨天

hoy

今天

mañana

明天

la mañana

早晨

el mediodía

中午

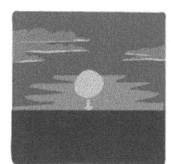

la tarde

晚上

los días laborables

工作日

el fin de semana

週末

el año

年

la lluvia
雨
el arcoíris
彩虹
la nieve
雪
el viento
風
la primavera
春
el otoño
秋
el verano
夏
el invierno
冬

4.APRIL 11°
5.APRIL 4°
6.APRIL 13°
7.APRIL 8°
8.APRIL 10°

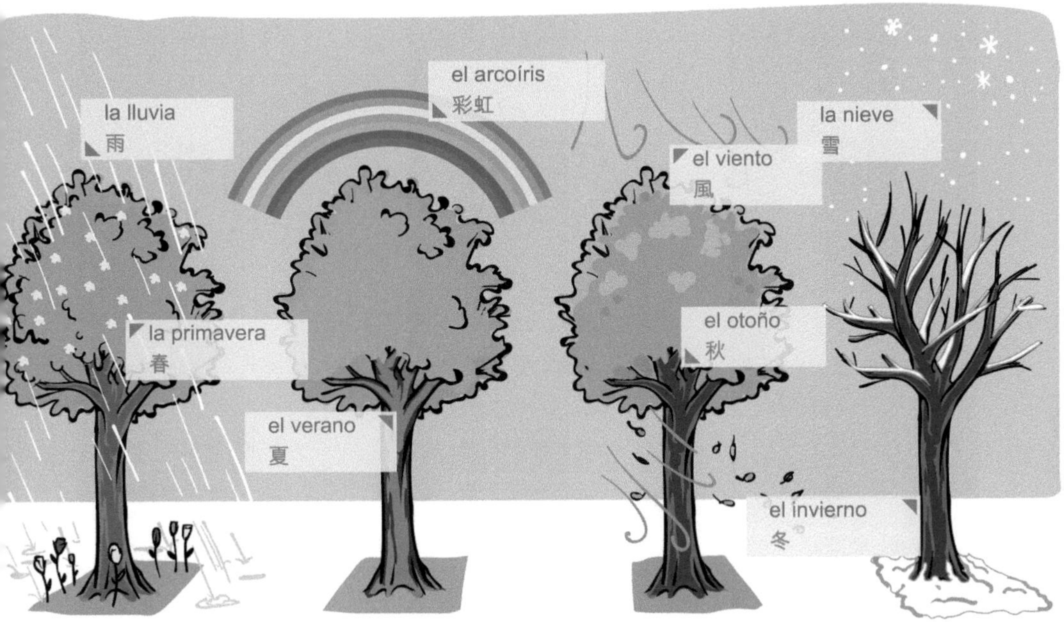

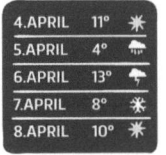

el pronóstico del tiempo

天氣預告

F
C
120
90
60
30
0
-30
40
30
20
10
0
-10
-20

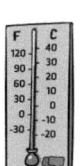

el termómetro

溫度計

el sol

陽光

la nube

雲

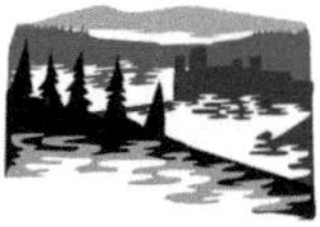

la niebla

霧

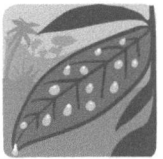

la humedad

潮濕

el rayo

閃電

el trueno

打雷

la tormenta

風暴

el granizo

冰雹

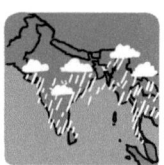

el monzón

季風

la inundación

洪水

el hielo

冰

enero

一月

febrero

二月

marzo

三月

abril

四月

mayo

五月

junio

六月

julio

七月

agosto

八月

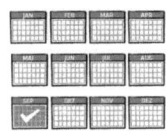

septiembre

九月

octubre

十月

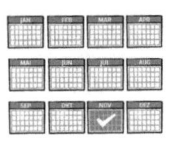

noviembre

十一月

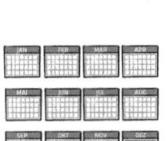

diciembre

十二月

las formas

形狀

el círculo

圓形

el cuadrado

正方形

el rectángulo

長方形

el triángulo

三角形

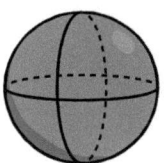

la esfera

球體

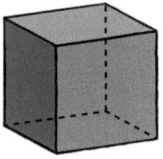

el cubo

立方體

blanco

白

amarillo

黃

anaranjado

橙

rosa

粉

rojo

紅

morado

紫

azul

藍

verde

綠

marrón

棕

gris

灰

negro

黑

mucho / poco

很多/少許

enojado / tranquilo

生氣/平靜

bonito / feo

美/醜

principio / fin

首/尾

grande / pequeño

大/小

claro / oscuro

明/暗

el hermano / la hermana

兄弟/姐妹

limpio / sucio

乾淨/骯髒

completo / incompleto

完整/缺失

el día / la noche

白天/晚上

muerto / vivo

死/生

ancho / estrecho

寬/窄

comestible / no comestible

可食用/非食用

malo / amable

邪惡/善良

entusiasmado / aburrido

興奮/無聊

gordo / delgado

胖/瘦

primero / último

第一/最後

el amigo / el enemigo

朋友/敵人

lleno / vacío

滿/空

duro / blando

硬/軟

pesado / ligero

重/輕

el hambre / la sed

餓/渴

enfermo / sano

生病/健康

ilegal / legal

非法/合法

inteligente / tonto

聰明/愚笨

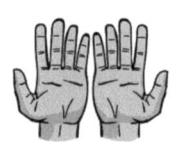

izquierda / derecha

左/右

cerca / lejos

近/遠

nuevo / usado

新/舊

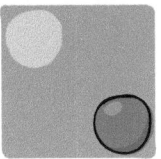

nada / algo

沒有/有些

viejo / joven

老/幼

encendido / apagado

開/關

abierto / cerrado

打開/闔上

silencioso / ruidoso

安靜/吵鬧

rico / pobre

富/窮

correcto / incorrecto

對/錯

áspero / suave

粗糙/光滑

triste / contento

傷心/高興

corto / largo

短/長

lento / rápido

慢/快

húmedo / seco

濕/乾

cálido / frío

溫暖/涼爽

guerra / paz

戰爭/和平

0

cero

零

1

uno

一

2

dos

二

3

tres

三

4

cuatro

四

5

cinco

五

6

seis

六

7

siete

七

8

ocho

八

9

nueve

九

10

diez

十

11

once

十一

12
doce
十二

13
trece
十三

14
catorce
十四

15
quince
十五

16
dieciséis
十六

17
diecisiete
十七

18
dieciocho
十八

19
diecinueve
十九

20
veinte
二十

100
cien
百

1.000
mil
千

1.000.000
el millón
百萬

los números - 數字

los idiomas

el inglés

英語

el inglés americano

美式英語

el chino madarín

普通話

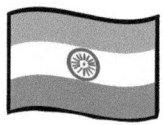

el hindi

印地語

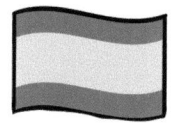

el español

西班牙語

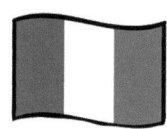

el francés

法語

el árabe

阿拉伯語

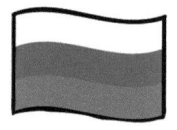

el ruso

俄語

el portugués

葡萄牙語

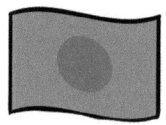

el bengalí

孟加拉語

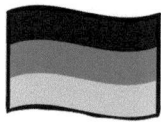

el alemán

德語

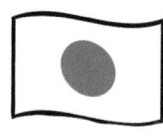

el japonés

日語

yo

我

tú

你

él / ella / ello

他/她/它

nosotros/as

我們

vosotros/as

你們

ellos/as

他們

¿quién?

誰？

¿qué?

什麼？

¿cómo?

如何？

¿dónde?

何處？

¿cuándo?

何時？

el nombre

名字

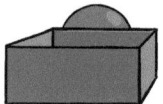

detrás

後面

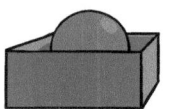

en

裡面

delante de

前面

por encima de

上方

sobre

上面

debajo de

下麵

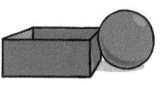

junto a

旁邊

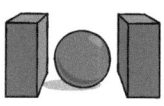

entre

中間

el lugar

地點